Ursula Calis

Das kleine Käsekochbuch

KOMPASS Küchenschätze

Ein Wort zuvor

Die Herstellung und Verwendung von Käse blickt auf eine jahrtausende alte Tradition zurück: das Halten von Rindern als Haustiere hat die Menschen dazu bewogen,aus der frischen Milch zunächst Sauermilch und später auch Käse sowie andere Milchprodukte herzustellen. So hat der Käse als natürliches Lebensmittel bis heute seine Bedeutung gewahrt.

In ihm sind die wertvollen Inhaltsstoffe der Milch konzentriert. Somit ist Käse ein hochwertiges Lebensmittel. Im Laufe der Zeit wurden die Herstellungsverfahren verfeinert und immer mehr Käsesorten entwickelt. Heute gibt es allein in Europa über 800 verschiedene Varianten, die sich in 7 Hauptgruppen gliedern lassen:

Hartkäse, halbfester und fester Schnittkäse, Weichkäse, Schimmelkäse, Frischkäse, Sauermilch- und Lakenkäse.

Die zahlreichen, im Handel erhältlichen Sorten unterscheiden sich je nach Geschmack und Verwendungszweck sowie Herkunftsland und Herstellungsverfahren. Besonders wichtig für die Entwicklung des Aromas sowie der Struktur ist die Reifezeit. Sie liegt - je nach Käse-Sorte - zwischen 1-2 Wochen oder bis zu 10 Monaten. Weitere Qualitätskriterien sind Fett-und Wassergehalt.

Wie die Milch, so ist auch der Käse reich an hochwertigen Inhaltsstoffen: Eiweiße, Fette, Kohlenhydrate, Mineralstoffe (vor allem Calcium, Magnesium und Phosphat) sowie Spurenelemente und Vitamine. Damit ist er ein schmackhaftes, gesundes Nahrungsmittel,welches in der „kalten", aber auch „warmen" Küche gerne eingesetzt wird.

So finden verschiedene Käse-Sorten Verwendung in Suppen, Saucen, Salaten, Fleischfüllungen,Terrinen, Gratins oder als pikante Begleiter zu Wein oder Bier.Lassen Sie sich durch die vielseitigen Rezeptvorschläge dieses Buches anregen, eine überaus abwechslungsreiche Käse-Küche kennen zu lernen.Vorab liefern Ihnen die nachfolgenden

Seiten eine kurze Einführung in die verschiedenen Käse-Sorten, ihre Herstellung, Verwendung sowie Aufbewahrung.

Daran anschließend erfahren Sie, welche Küchenhelfer in der Käse-Küche praktisch sind. Zudem liefert Ihnen das kleine Käse-Lexikon im Anhang Neues, aber auch Bekanntes über die verschiedenen Sorten.

Mit diesen Informationen ausgestattet, wird es Ihnen sicher leicht fallen, immer das Passende für Ihren Bedarf zu finden. Beim Ausprobieren der verschiedenen Rezept-ideen wünsche ich Ihnen stets gutes Gelingen sowie besten Erfolg.

Ihre
Ursula Calis

Inhalt

Seite

Ein Wort zuvor ... 2

Inhalt ... 3

Die verschiedenen Käse-Sorten ... 4
- Hartkäse ... 4
- Schnittkäse ... 4
- Weichkäse mit Weißschimmel ... 5
- Weichkäse mit roter Reifeschicht ... 6
- Frischkäse ... 6
- Schmelzkäse ... 7
- Sauermilchkäse ... 8
- Lakenkäse ... 8

Die idealen Helfer in der Käse-Küche ... 9

Rezepte
Vorspeisen ... 10
Suppen ... 16
Fleisch-und Geflügelgerichte ... 24
Beilagen ... 34
Salate ... 41
Aufläufe, Gratins ... 47
Pikantes zu Wein und Bier ... 52

Kleines Lexikon bekannter Käse-Sorten ... 76

Die verschiedenen Käse-Sorten

Das große Sortiment der handelsüblichen Käsesorten lässt sich in 8 Gruppen einteilen, die sich je nach Wasser-oder Fettgehalt sowie Reifegrad voneinander unterscheiden. Hierzu gehören:

Hartkäse
Er wird zum Teil aus Rohrmilch hergestellt und schmeckt besonders würzig. Der Hartkäse weist einen niedrigen Wassergehalt auf. Er ist daher sehr fest, halbfest oder noch so geschmeidig, dass er sich schneiden lässt. Die Reifezeit beträgt 2 Monate oder mehr. Je länger gereift, desto ausgeprägter ist der Geschmack. Hartkäse ist vielseitig verwendbar: für Suppen, Saucen, Salate, Fondues oder als Brotbelag, er eignet sich besonders gut für's Überbacken.
Bekannte Sorten sind: Emmentaler, Bergkäse, Parmesan und Cheddar (Chester).
Den Hartkäse lagert man am besten bei einer Temperatur von +6°C; angeschnittene Stücke stets in Frischhaltefolie einpacken.

Schnittkäse
Am liebsten „frisch vom Stück" geschnitten werden Tilsiter, Gouda oder Edamer. Ebenso wie der Hartkäse reifen sie durch den gesamten Laib und bilden daher keinen erkennbaren Kern. Hierzu benötigen die einzelnen

Sorten ca. 4 - 6 Wochen. Danach kann eine Lagerung in Reifekellern einen herzhaften Geschmack erzeugen. Die ideale Lagertemperatur liegt bei ca. +10°C. Das volle Aroma entwickelt der Schnittkäse wenn er vor der Verwendung bei Raumtemperatur liegen kann. Angeschnittene Stücke in Folie einpacken. Weich, aber noch schnittfähig sind der sahnig-milde Butterkäse, und die bekannten Edelpilzkäse-Sorten mit Blauschimmel. Sie gehören zu den halbfesten Schnittkäsen.

Weichkäse mit Weißschimmel

Der Weichkäse reift von außen nach innen und erreicht sein optimales Reifestadium bereits innerhalb von 3 - 5 Wochen. Daher ist er auch am besten in kurzer Zeit zu verzehren. Die bekanntesten Sorten sind der mild-aromatische Camembert sowie der leicht säuerlich-pikante Brie. Der weiße Edelschimmel verleiht ihnen ihren typischen Geschmack. Der Fettgehalt variiert sehr stark. Beliebt sind auch Weichkäse mit Blauschimmel im Inneren. Im Vergleich zu den Edelpilz-Käsen wei-

sen Sie einen deutlich milderen Geschmack auf. Weichkäse lagert man am besten bei +6°C in luftdurchlässigen Behältern. Der relativ feuchte Käse neigt dazu, beim Aufschneiden am Messer zu kleben. Gut einsetzbar sind dann Weichkäsemesser mit einer dünnen, gelochten Klinge.

Weichkäse mit roter Reifeschicht
(„Rotschmiere")
Auch dieser Käse reift von außen nach innen. Zu den bekanntesten Sorten gehören der pikante Romadur, der Limburger sowie die in vielen Varianten erhältlichen Weinkäsesorten. Die gelblich-rote Oberfläche entsteht durch Bakterien-Kulturen, die früher von Hand aufgetragen wurden. Der Käse selbst ist rahmig-mild, teils auch würzig-pikant und sollte stets in kurzer Zeit verbraucht werden. Für Käse-Salate, Käse-Spätzle, überbackene Toasts, als Fleischfüllung oder einfach zur „Brotzeit" ist dieser Weichkäse ideal einsetzbar.

Frischkäse
Der Frischkäse ist ein Sauermilch-Produkt, das im Gegensatz zu den anderen Käsesorten nicht reift, sondern ähnlich wie Quark (Topfen) frisch angeboten wird und innerhalb kurzer Zeit verzehrt werden sollte.

Durch Pressen oder Zentrifugieren erhält die Milchmasse eine cremig-feste Konsistenz. Die verschiedenen Sorten werden nach ihrem Fett- und Wassergehalt (70% oder mehr) unterschieden. Daneben bereichern zahlreiche Sorten in körniger Konsistenz, z.B. der englische „Cottage Cheese", das vielfältige Angebot. Der Frischkäse ist empfindlich, daher liegt seine optimale Lagertemperatur bei +4°C. Er eignet sich nicht nur als Brotbelag, sondern auch zur Zubereitung raffinierter Vorspeisen oder Füllungen.

Schmelzkäse

Die Herstellung von Schmelzkäse erfolgt durch das Schmelzen von Hart- oder Schnittkäse unter Beigabe spezieller

Schmelzsalze. Dieser Käse ist in den verschiedensten Varianten (cremig, streichfähig, schnittfest) und in mehreren Fettstufen erhältlich. Durch Zugabe von Gewürzen, Kräutern, Nüssen, Schinken, Paprika etc., erhält der Schmelzkäse einen interessanten Geschmack. Die naturbelassenen Sorten verwendet man am besten für Suppen, Saucen oder Fondues.

Sauermilchkäse
Geringer Fett- und hoher Eiweißgehalt zeichnen diese Käsesorte aus, die überwiegend aus Sauermilch hergestellt wird. Die Oberfläche ist in der Regel glatt und mit einer goldgelben oder rötlichen Reifeschicht überzogen. Junge Sorten weisen einen weißen Kern auf, der mit zunehmender Reife kleiner wird. Zum Lagern im Kühlschrank muß ein Sauermilchkäse verpackt werden. Vor dem Verzehr nimmt man ihn dann rechtzeitig heraus (ca. 1 Stunde), sodaß er sein volles Aroma wieder entfalten kann.

Lakenkäse
Diese ursprünglich aus dem Mittelmeerraum stammenden Käsesorten erfreuen sich zunehmender Beliebtheit. „Feta“ (aus Ziegen- oder Kuhmilch) und Schafkäse (aus Schafmilch) werden in gepreßter Form stets in einer Salzlake angeboten. Sie unterstützt auch den charakteristischen Geschmack. Bei 4 - 7°C lassen sich die Stücke gut lagern sofern sie mit Lake bedeckt sind. Auch das Einlegen in einem Gemisch aus Öl sowie Kräutern hat sich bewährt.
Lakenkäse eignet sich am besten für die Verwendung in Salaten. Feta kann sogar paniert gebacken werden.

Die idealen Helfer in der Käse-Küche

Käsehobel
Mit einem Käse- oder Handhobel, der ein schräg gestelltes Messer hat, lassen sich hauchdünne Scheiben von Hart- oder Schnittkäsestücken gleichmäßig abheben. Praktisch ist der Hobel auch zum Entfernen der Rinde.

Käse-Reiben
Für die Herstellung von frisch geriebenem Käse sind im Handel verschiedene Reiben erhältlich. Neben Handreiben sind Kurbelreiben aus Kunststoff oder Edelstahl einsetzbar.Letztere eignen sich insbesondere für Hartkäsesorten wie z.B. Parmesan.

Käse-Dosen/Glocke
Für die Aufbewahrung von geriebenem Hartkäse setzen Sie am besten einen Tisch- oder Parmesanstreuer mit Deckelverschluss ein. Zum Servieren bei Tisch gibt es stilvolle Parmesan-Dosen aus Glas oder Edelstahl. Für Käse am Stück hat sich seit alters her die Käseglocke aus Glas bewährt. Sie schützt die schmackhafte Ware vor Austrocknung.

Damit die Glocke innen nicht beschlägt, legen Sie am besten ein Holzstäbchen am Rande unter.

Käse-Messer
Messer für Schnittkäse haben einen versetzten Griff mit geätzter Klinge. Weichkäse-Messer sind Spezialmesser mit einer dünnen, kurzen sowie gelochten Klinge, damit der weiche Käse beim Aufschneiden nicht ankleben kann.

Eingelegte Mini-Mozzarelli

- 300 g Mini-Mozzarellakugeln (ca. 40 Stück)
- 2 - 3 Knoblauchzehen
- 1 Stück unbehandelte Zitronenschale
- 1/2 Bund frischer Thymian
- 1 Rosmarinzweig
- 2 - 3 TL frischer geschroteter Pfeffer
- 4 EL Rotweinessig oder Aceto Balsamico
- ca. 200 ml Sonnenblumen- oder Weizenkeimöl
- 16 Kirschtomaten

● Den Mozzarella aus der Packung nehmen, gut abtropfen lassen und mit Küchenpapier trockentupfen. Den Knoblauch schälen und halbieren oder vierteln. Die Zitronenschale in feine Streifen schneiden. Die Kräuter kurz kalt abbrausen und mit Küchenpapier trockentupfen.

● Die Mozzarellakugeln abwechselnd mit dem Knoblauch, der Zitronenschale, den Kräutern und dem Pfeffer in ein Glas oder eine hohe Schüssel einschichten.

● Den Essig darüber träufeln, dann mit Öl auffüllen, bis alle Zutaten bedeckt sind. Das Glas oder die Schüssel gut verschließen und einige Stunden im Kühlschrank durchziehen lassen.

● Gewaschene, trockengetupfte Kirschtomaten dazugeben und die Mischung auf 4 Portionsteller verteilen.

Beilage:
Frisches Stangenweißbrot

Gebackener Camembert mit fruchtigen Beeren

300 g gemischte Beeren aus der Tiefkühltruhe	2 EL Mehl
50 g Zucker	2 Eier
1/2 Vanilleschotte	50 - 60 g Semmelbrösel
2 TL Stärkemehl	Fett zum Ausbacken
250 g Camembert (4 Käse-Hälften)	4 Zweige Zitronenmelisse als Garnitur

● Die tiefgefrorenen Beeren auftauen. 1/8 l Wasser mit Zucker und der aufgeschnittenen Vanilleschote aufkochen. Die Beeren einstreuen mit kalt aufgerührter Speisestärke binden, dann abkühlen lassen.

● Die Camembert-Hälften zuerst in Mehl, dann in verquirlten Eiern und zuletzt in den Semmelbröseln wenden. In einer Friteuse in heißem Fett bei ca. 180°C in 1-2 Minuten goldgelb ausbacken.

● Noch heiß auf Tellern anrichten, mit den Beeren sowie Zitronenmelisse garnieren.

Beilage:
Frisches Weißbrot oder Toast

Äpfel mit Schafkäse auf Salat

4 säuerliche Äpfel z.B. Boskop	150 g Feldsalat (Rapunzel)
150 g Schafkäse	50 g Friséesalat
100 g abgetropfter Quark (Topfen)	2 EL Apfel- oder Obstessig
2 - 3 EL gr. Emmentaler	Pfeffer aus der Mühle
2 EL Pinienkerne	4 EL Sonnenblumenöl
etwas Kräutersalz	2 EL geh. Schnittlauch

- Die Äpfel waschen, gut trocken reiben, halbieren und das Kerngehäuse großzügig herausschneiden.
- Den Schafkäse mit einer Gabel zerdrücken und mit dem Quark vermischen. Emmentaler, Pinienkerne sowie Kräutersalz dazugeben und untermischen.
- Den Backofen auf 220°C vorheizen.
- Die Käsemasse in die Apfelhälften füllen, diese in eine gefettete Auflaufform setzen und ca. 20-25 Minuten backen.
- In der Zwischenzeit die beiden Salate putzen, waschen und trocken schleudern.
- Aus Essig, Salz, Pfeffer sowie Öl eine Marinade anrühren, zu den Salaten geben und durchmischen. Den Salat auf 4 Tellern verteilen, jeweils 2 Apfelhälften daraufsetzen und sofort servieren.

Beilage:
Weizen-Vollkorntoast

Pfirsich-Toast mit Frischkäse-Creme

- 4 Scheiben Toastbrot
- 20 g Butter
- 200 g Doppelrahm-Frischkäse
- 100 g magerer, gekochter Schinken
- 40 g gehackte Mandeln
- 4 EL Cognac
- Salz
- weißer Pfeffer
- 4 Pfirsichhälften (aus der Dose)

● Die Brotscheiben vortoasten und mit Butter bestreichen.

● Den Frischkäse in eine kleine Schüssel geben, mit fein gehacktem Schinken, Mandeln, Cognac sowie Gewürzen verrühren. Einen Teil davon auf die Brotscheiben streichen.

● Die Pfirsichhälften abtropfen lassen, in feine Scheiben schneiden, dekorativ auf dem Toastbrot anrichten, leicht festdrücken, mit dem restlichen Käse überziehen und unter dem vorgeheizten Grill in 3-4 Minuten goldbraun überbacken.

Camembert-Schinken-Toast

- 4 Scheiben Toastbrot
- 20 g Butter
- 4 Scheiben magerer, gekochter Schinken
- 4 gedünstete Apfelscheiben (à ca. 1 cm dick)
- 200 g Camembert
- frisch gemahlener Pfeffer
- etwas gehackte Petersilie

● Die Brotscheiben vortoasten und mit Butter bestreichen. Mit Schinkenscheiben gleichmäßig auslegen. Darauf die Apfelscheiben geben und den sehr dünn aufgeschnittenen Camembert dekorativ darüber verteilen.

● Unter dem vorgeheizten Grill in ca. 3 Minuten goldbraun überbacken.

● Mit Pfeffer würzen und gehackte Petersilie aufstreuen, dann servieren.

Mozzarella-Vollkorntoast mit Trockenpflaumen

1/8 l Wasser	200 g Möhren
2 Beutel Früchtetee	2 EL gehackte Haselnüsse
2 EL Rotweinessig	1 EL geh. Schnittlauch
1 TL scharfer Senf	4 Scheiben Vollkorntoast
frisch gemahlener Pfeffer	40 g Butter
1 EL Keimöl	12 Trockenpflaumen (ohne Kern)
200 g Friséesalat	200 g Mozzarella

● Das Wasser aufkochen, den Früchtetee ca. 10 Minuten darin ziehen lassen, dann die Teebeutel herausnehmen und den Sud abkühlen lassen. Danach mit Rotweinessig, Senf, Gewürzen sowie Öl zu einer Salatmarinade verrühren.

● Den Friseesalat kurz kalt abspülen, trocken schneiden und fein zerkleinern. Die Möhren schälen, in Stifte schneiden oder raspeln. Beide Zutaten mit der Salatsauce mischen. Auf vier Tellern verteilen.

● Den Salat mit gehackten Nüssen sowie Schnittlauch bestreuen.

● Die Toastscheiben rösten und mit Butter bestreichen. Halbierte Pflaumen sowie dünn geschnittene Mozzarella-Scheiben darauf verteilen. Nun die Toastscheiben auf ein Backblech geben und im Backofen unter dem vorgeheizten Elektrogrill in ca. 2 1/2 - 4 Minuten überbacken, bis der Käse zerlaufen und leicht gebräunt ist.

● Die Brotscheiben in Rauten schneiden, dekorativ auf den Salattellern anrichten und restliche Pflaumen darauf garnieren.

Suppen-Einlagen mit Käse

Für die Suppe:

1 l Fleisch-, Hühner- oder Gemüsebrühe	Pfeffer, Streuwürze
Salz	ggf. geh. Petersilie, Schnittlauch

Käse-„Schöberl"

30 g Butter,	3 - 4 EL Semmelbrösel
2 Eier	Salz
60 g ger. Parmesan	Muskat

● Die Butter schaumig rühren, Eigelb, Käse, Semmelbrösel sowie Gewürze zugeben, zuletzt steif geschlagenes Eiweiß unterheben.

● Ein kleines Backblech oder eine großflächige Auflaufform mit Backpapier auslegen und die Masse fingerdick aufstreichen.

● Den Backofen auf 180 - 200°C vorheizen und die „Schöberl" in 15-20 Minuten goldbraun backen.

● Nach dem Backen stürzen, das Backpapier

abziehen, erkalten lassen und kleine Würfel oder Rauten ausschneiden.

● Diese mit der vorbereiteten Suppe servieren.

Käse-Schinken-„Schöberl“

50 g feingehackten, gekochten Schinken unter die Masse mischen	und wie vorher beschrieben zubereiten.

Käse-Riebele

200 g Mehl	2 Eier
60 g „alter" Gouda, frisch gerieben	frisch gemahlener Pfeffer

● Das Mehl mit allen Zutaten zu einem festen Teig verrühren und kühlstellen. Mit Hilfe einer Küchenreibe daraus „Riebele" (kleine Mehlklößchen) herstellen, und diese auf einem ausgebreiteten Küchentuch ca. 45 Minuten trocknen lassen, dann in reichlich gesalzenem Wasser ca. 3-4 Minuten garen, mit einem Schaumlöffel herausheben und in der vorbereiteten Suppe servieren.

Bergkäse-Eierstich

2 Eier	1/8 Milch
75 g Bergkäse, z.B. aus dem Allgäu	Salz, Pfeffer, Butter
	Alufolie

● Die Eier mit der Milch verquirlen, den Bergkäse fein reiben und unterheben. Mit Salz sowie Pfeffer würzen.

● Eine flache, backofenfeste Form mit Butter einfetten, die Eier-Käse-Milch einfüllen und mit Alufolie abdecken.

● Die Form in ein weites, offenes Gefäß stellen. Dieses mit warmem Wasser füllen, in den kalten Backofen geben und den Eierstich bei 175°C in ca.

30 Minuten stocken lassen.

● Herausnehmen, ausdampfen lassen, stürzen und würfeln. In der vorbereiteten Suppe servieren.

Anmerkung:
Besitzen Sie ein Mikrowellengerät, so können Sie den Bergkäse-Eierstich in eine mikrowellen-geeignete, gefettete Form geben und bei 360 Watt in 7-8 Minuten stocken lassen. Nach einer kurzen Wartezeit prüfen, ob die Masse fest ist, dann stürzen, aufschneiden und in die Suppe geben.

Mangoldsuppe mit Ziegenkäse

30 g Butter	1 EL Butter
1 mittlere Zwiebel	125 g Ziegenkäse
350 g Kartoffeln	weißer Pfeffer
1 l Ziegenmilch, 50 g Reis	1/2 Knoblauch
250 g Mangold	1 Prise Safran

● Die Butter in einem größeren weiten Topf schmelzen, geschälte, feingehackte Zwiebel sowie Knoblauch darin anschwitzen.

● Inzwischen die Kartoffeln schälen, würfeln, waschen und abtropfen lassen. Mit der Milch zu den Zwiebeln geben und aufkochen.

● Reis sowie Safran zufügen, dann die Kochstelle herunterschalten und die Mischung ca. 30-35 Minuten weichgaren.

● In der Zwischenzeit den Mangold putzen, waschen,in kurze feine Streifen schneiden und in der Butter anschwitzen.

● Den Ziegenkäse zerdrücken, in die Suppe geben, schmelzen lassen und den Mangold unterziehen. Nochmals erhitzen, dann abschmecken und heiß servieren.

Anmerkung:
Sollten Sie keine Ziegenmilch haben, so können sie auch 1/2 l Kuhmilch und 1/2 l Fleischbrühe verwenden.

Montafoner Käsesuppe

60 g Butter	2 Eigelb (Eidotter)
60 g Mehl	1/8 l süße Sahne (Obers)
1 l kräftige Fleischbrühe	Salz, Pfeffer, Muskat
200 g milder Bergkäse oder Rahm-Schimmelkäse	2 EL geh. Schnittlauch

● In einem größeren Topf zunächst die Butter schmelzen, leicht erhitzen, dann das gesiebte Mehl dazugeben und hellbraun anrösten.

● Etwas abkühlen lasen. Die Fleischbrühe langsam und unter beständigem Rühren dazugeben. Einmal aufkochen, die Hitze reduzieren und etwa 10 Minuten lang weiter kochen lassen. Dabei gelegentlich umrühren.

● Den Bergkäse reiben oder den Schmelzkäse in Stücke zerteilen, zur Suppe gebcn und so lange weitergaren, bis sich der Käse aufgelöst hat.

● Die Suppe von der Kochstelle nehmen,Eigelb mit Sahne verquirlen, kräftig würzen und dazugeben. Etwas durchziehen lassen, jedoch nicht mehr aufkochen.

● Die Suppe auf vorbereitete Teller oder Schalen verteilen, mit gehacktem Schnittlauch bestreuen und sofort servieren.

Beilage:
Geröstetes Bauernbrot oder Salzwaffeln.

Schnelle Käse-Cremesuppe

1 mittlere Zwiebel	250 g Schmelzkäse
40 g Butter oder Margarine	2 EL trockener Weißwein
40 g gesiebtes Mehl	1 Prise Zucker, Salz
3/4 l kalte Fleischbrühe	frisch gem. weißer Pfeffer
1/4 l kaltes Wasser	etwas geh. Schnittlauch zum Bestreuen

● Die Zwiebel schälen, würfeln und in heißem Fett glasig dünsten. Das Mehl dazugeben, unter beständigem Rühren hellgelb anschwitzen und mit kalter Flüssigkeit (Brühe, Wasser) ablöschen

● Einmal aufkochen, den Schmelzkäse unterziehen und die Suppe auf niedriger Stufe ca. 10-15 Minuten garen.

● Mit Wein, Zucker, Salz sowie Pfeffer abschmecken und mit fein gehacktem Schnittlauch bestreuen.

Riesling-Käsesuppe mit Blätterteig-Croutons

Suppe:
- 1 Zwiebel
- 1 Knoblauchzehe
- 1 Stange Lauch (Porree)
- 30 g Butter
- 2 mittelgroße Kartoffeln (Erdäpfel)
- 1 l Hühnerbrühe
- 1/8 l trockener Weißwein (Riesling)
- 1/8 l süße Sahne (Obers)
- 50 g geriebener Emmentaler
- 50 g geriebener Tilsiter
- Salz, weißer Pfeffer

Blätterteig-Croutons:
- 150 g tiefgefrorener Blätterteig
- Mehl zum Ausrollen
- 1 Ei, 50 g Sesam-Samen

● Zwiebel und Knoblauch schälen sowie würfeln. Den Lauch putzen, waschen, abtropfen lassen und kleinschneiden.

● Die Butter in einem Topf zerlassen, das Gemüse darin anschwitzen, dann die geschälten, gewürfelten und gewaschenen Kartoffeln dazugeben, mit der Hühnerbrühe auffüllen. Einmal aufkochen, dann auf niedriger Stufe so lange garen, bis die Kartoffeln zerkocht sind.

● Mit einem Passierstab durchmixen. Riesling, Sahne sowie Käse einrühren. Mit Salz und Pfeffer kräftig abschmecken.

● Für die Croutons den Blätterteig antauen lassen, dann auf bemehlter Arbeitsfläche ca. 2mm dünn ausrollen, mit einem runden Gegenstand kleine Taler ausstechen und auf

ein mit kaltem Wasser abgespültes oder mit Backpapier ausgelegtes Backblech legen. Etwas ruhen lassen.

● Inzwischen den Backofen auf 220-230°C vorheizen.

● Den Blätterteig mit verquirltem Eigelb mittig dünn bestreichen und in 10-15 Minuten goldbraun backen.

● Die Käsesuppe in vorgewärmte Suppentassen füllen, mit einigen Croutons belegen und sofort servieren.

Gratinierte Zwiebelsuppe

500 g Zwiebeln
40 g Butter
1 1/2 EL Mehl
1 l Brühe
frisch gem. weißer Pfeffer
1/4 l trockener Weißwein
Salz, 1 Prise Zucker
6 - 8 Scheiben Toastbrot
100 g ger. Edamer, Raclette-Käse oder Emmentaler

● Die Zwiebeln schälen und in feine Ringe schneiden. In einem größeren Topf die Butter erhitzen, die Zwiebelringe darin glasig dünsten, das Mehl darüberstäuben und anrösten.

● Mit Fleischbrühe ablöschen, einmal aufkochen, dann auf niedriger Stufe ca 15-20 Minuten garziehen lassen. Dabei gelegentlich umrühren.

● Mit Pfeffer, Salz sowie Zucker abschmecken und mit dem Weißwein verfeinern.

● Das Toastbrot von beiden Seiten rösten. Die Suppe auf hitzebeständige

Suppentassen verteilen. Die Toastbrotscheiben kleinschneiden und auf die Tassen verteilen. Mit reichlich geriebenem Käse bestreuen und im oberen Drittel des Backofens, dicht unter dem Grill ca. 3 Minuten überbacken, bis der Käse zerlaufen ist.

● Die heißen Tassen vorsichtig herausnehmen und servieren.

Anmerkung:
Falls ihr Backofen nicht mit einem Grill ausgestattet ist, so können Sie die Zwiebelsuppe auch bei 250°C im vorgeheizten Gerät in ca. 10 Minuten überbacken.

Rinderfilet mit Käse-Schnittlauch-Sauce

1/8 l trockener Weißwein z.B. Riesling	
1 größere Zwiebel	
1 Knoblauchzehe	
8 - 10 Pfefferkörner	
400 g Rinderfilet aus dem Mittelstück	
150 ml süße Sahne (Obers)	
2 TL Dijon-Senf, mittelscharf	
75 g Doppelrahm-Frischkäse	
50 g Edelpilz-Käse	
Pfeffer aus der Mühle	
Schnittlauch, 30 g Butter	
Butterfett zum Anbraten	

- 1/8 l Wasser und den Wein in einen Topf geben. Die Zwiebel vierteln, Knoblauch halbieren. Beides mit den Pfefferkörnern zufügen. Langsam aufkochen lassen.
- Das Rinderfilet kurz kalt abspülen, mit Küchenpapier trockentupfen, pfeffern und in heißem Butterfett von allen Seiten kurz anbraten, dann auf einen Siebeinsatz über dem Wein-Wasserbad in 15 - 20 Minuten zugedeckt dämpfen. Das Filet herausnehmen, mit Alufolie abdecken und bei 70°C im Backofen warmhalten.
- Den Sud durchsieben,

auf hoher Stufe auf die Hälfte einkochen lassen, dann herunterschalten. Sahne, Senf,Doppelrahm-Frischkäse sowie den in kleine Stückchen geschnittenen Edelpilzkäse einrühren. Die Mischung cremig werden lassen.

● Mit reichlich frisch gemahlenem Pfeffer abschmecken und mit gehacktem Schnittlauch würzen. Zuletzt Butterflöckchen dazugeben.

● Das Rinderfilet aufschneiden und mit der Sauce anrichten.

Beilage:
gedünsteter Broccoli

Lammrücken mit würziger Kruste

1,2 kg Lammrücken	1 Zweig Rosmarin
200 g Blauschimmelkäse oder Gorgonzola	6 Salbeiblätter
2 EL frisch geriebene Brotbröseln (Weißbrot)	1/2 Bund Thymian
	2 EL Butterschmalz
	Salz, schwarzer Pfeffer

● Den Lammrücken von Fett sowie Sehnen befreien, dann kurz kalt abspülen und mit Küchenpapier trockentupfen, salzen und pfeffern.

● Das Butterschmalz in einem Bräter erhitzen, den Lammrücken von allen Seiten darin anbraten. Den Backofen auf 225°C vorheizen.

● Den Blauschimmelkäse mit einer Gabel fein zerdrücken. Rosmarin,Salbeiblätter sowie Thymian sehr fein hacken und zusammen mit den Brotbröseln unter den Käse kneten.

● Die Käsemasse auf den Lammrücken verteilen, andrücken und das Gericht in den heißen Backofen stellen. ca. 30 - 40 Minuten offen braten. Vor dem Anschneiden noch ca. 5 Minuten ruhen lassen.

Beilage:
Gratin „dauphinois“ (Kartoffelgratin), Salat.

Interessant für Sie:
Für die Herstellung von Blauschimmel-Käse werden die Kulturen des „Penicillium Roqueforti " - ein pikant schmeckender, blaugrüner Schimmel - der Milchmasse beigemischt, so daß diese sich während der Herstellung in der gesamten Käsemasse gleichmäßig verteilen können.
Der Schimmel benötigt zur Vermehrung Sauerstoff. Daher werden die fertigen Käsestücke mit langer Nadel durchstoßen, damit Luft ins Innere gelangt und der Blauschimmel im Käse so richtig „aufblühen" kann.

Gefüllte Putenbrust mit Chester-Kräuterhaube

1,5 kg Putenbrust, vom Metzger eingeschnitten

Salz, Pfeffer, 1 Apfel

1 rote Paprikaschote

150 g kurz gedünsteter Lauch (Poree)

Fortsetzung S. 28

2 altbackene Semmeln
3 Eier
300 g Chester (Cheddar)-Hartkäse
2 EL mittelscharfer Senf
1/2 Bund geh. Petersilie
1/4 l Fleisch- oder Geflügelbrühe
1/8 l süße Sahne (Obers)
1/8 l trockener Weißwein
30 g Speisestärke
1 Msp. Zucker
Zahnstocher
Küchengarn

● Die Putenbrust kurz kalt abspülen, innen und außen gut mit Küchenpapier trocken tupfen. Mit Salz sowie Pfeffer würzen.

● Apfel und Paprika waschen, putzen, von den Kernen befreien und fein würfeln. Mit dem Lauch mischen. Die Semmeln in kaltem Wasser einweichen, ausdrücken und zum Gemüse geben.

● Mit einem Ei, Salz, Pfeffer und ca. 150 g sehr fein gewürfeltem Käse verkneten. Die Putenbrust innen damit füllen, die Öffnung mir Zahnstocher zustecken und kreuzweise mit Küchengarn zubinden.

● Den Backofen auf 190-210°C vorheizen.

● Die Putenbrust in einen offenen backofengeeigneten Bräter oder eine Glasform legen, 1/4 l Wasser aufgießen und ca. 90-100 Minuten braten.

● Zwischendurch mehrfach mit der Fleisch-oder Geflügelbrühe begießen. Für die Käsehaube den restlichen Käse reiben, mit Senf, 2 Eigelb und gehackter Petersilie zu einer geschmeidigen Paste verrühren. Etwa 15 Minuten vor Ende der Bratzeit die Putenbrust damit bestreichen.

● Den Braten herausnehmen, auf eine Platte geben, warm stellen, den Bratenfond in einen Topf umfüllen, mit etwas Wasser, zudem Wein und Sahne verrühren, aufkochen. Mit kalt angerührter Speisestärke binden und mit Salz, Pfeffer sowie Zucker abschmecken.

Beilage:
Geröstete Kartoffeln (Erdäpfel), gemischter Salat.

Putenröllchen mit pikanter Käsefüllung

2 große Möhren	2 TL Sesamsamen
1/8 l Hühnerbrühe	4 dünne Scheiben Frühstücksspeck
4 dünne Putenschnitzel à 125 g	einige Zahnstocher
Salz, weißer Pfeffer aus der Mühle	30 g Butterschmalz
3 EL frisch gehackte Kräuter (Petersilie, Basilikum, Schnittlauch)	250 g Zuckerschoten (junge Erbsenschoten)
100 g würziger Bergkäse in feinen Scheiben	5 EL trockener Weißwein
	1 1/2 TL Stärkemehl

● Die Möhren putzen, waschen und in fingerlange Stifte schneiden. 5 Minuten in der

Hühnerbrühe garen.

● Die Putenschnitzel kurz kalt abspülen, mit Küchenpapier trockentupfen und flachklopfen. Sparsam mit Salz bestreuen und kräftig mit Pfeffer würzen. Die Kräuter darüber verteilen. Den Bergkäse auflegen und mit Sesam bestreuen. Abgetropfte Möhrenstifte - die Brühe auffangen - quer daraufgeben.

● Die Putenschnitzel zu Rouladen aufrollen. Je eine Speckscheibe darumwickeln und mit Zahnstocher feststecken.

● Das Butterschmalz in einer weiten Pfanne erhitzen, die Rouladen darin von allen Seiten anbraten, etwas Hühnerbrühe aufgießen, dann zugedeckt auf niedriger Stufe ca. 15 Minuten schmoren lassen.

● Inzwischen die Zuckerschoten waschen, putzen und in leicht gesalzenem Wasser 2-3 Minuten blanchieren.

● Die Rouladen aus der Pfanne nehmen, warmstellen,den Bratenfond auf hoher Stufe offen etwas einkochen lassen und mit in Wein glattgerührter Speisestärke binden. Nochmals abschmecken.

● Die Zuckerschoten abgießen und mit den fein aufgeschnittenen Rouladen auf vorgewärmten Tellern anrichten.

Beilage:
kleine Petersilie-Kartoffeln

Schnitzel mit Käse-Kräuterkruste

600 g Schweinefilet	4 EL geh. Petersilie
weißer Pfeffer	3 EL geh. Schnittlauch
Panade: 2-3 EL Mehl	1/2 EL gerebelter Majoran
	2 EL ger. Haselnüsse
2 Eier	2 EL ger. Parmessan
Salz, Pfeffer	80 g Butterschmalz

● Das Schweinefilet in 16 Scheiben schneiden, mit dem Handrücken sehr flach drücken, dann beidseitig pfeffern und in Mehl wenden.

● Die Eier verquirlen, salzen sowie pfeffern. Petersilie und Schnittlauch waschen, sehr gut trockentupfen, kleinschneiden und zu den

Eiern geben. Majoran, Haselnüsse und frisch geriebenen Parmesan darunterrühren.

● Das Butterschmalz in einer großen, weiten Pfanne erhitzen.

● Die Filetscheiben in der Panade wenden, sofort in das heiße Fett geben, die Hitze reduzieren und das Fleisch von jeder Seite ca. 5-6 Minuten braten.

Beilage:
Gratin „dauphinois" (siehe Seite 50), Blattsalat.

Gouda-Hackbraten

1 altbackene Semmel	1/2 TL Salz
800 g gemischtes Hackfleisch (Faschiertes)	frisch gr. Muskat
1 größere Zwiebel	1 Prise Cayennepfeffer
2 Eier	1/2 TL Dijon-Senf, mittelscharf
1 Knoblauchzehe	200 g Gouda am Stück
1 TL weißer Pfeffer	Milch nach Bedarf, Butter

● Die Semmel in Wasser einweichen, dann gut ausdrücken. Die Zwiebel schälen und klein hacken. Zusammen mit dem Hackfleisch in eine Rührschüssel geben.

● Eier, geschälten sowie frisch gepreßten Knoblauch, Gewürze und Senf dazugeben und unter Einsatz des Elektroquirls mit Knetern locker durchkneten.

● Den Gouda in kleine Würfel schneiden, zur Hackfleischmasse geben und gleichmäßig untermischen. Ist der Fleischteig zu fest, bis zu 1/2 Tasse Milch zufügen. Den Teig mit nassen Händen zu einem länglichen Laib formen und in eine gefettete Auflaufform geben.

● Bei 180-200°C ca. 60 Minuten im Backofen zubereiten. Zuletzt je nach Bräunungsgrad - noch kurz übergrillen.

Beilage:
Kartoffelgratin oder Kartoffel (Erdäpfel)-Püree, Tomatensalat mit Zwiebeln.

Schweinefilet à la Cordon bleu

1 großes Schweinefilet (ca. 700 - 800 g)	60 g Butter, 1/4 l Brühe
frisch gemahlener Pfeffer	1/8 l süße Sahne (Obers)
frische Salbeiblätter	etwas edelsüsses Paprikapulver
100 g Gouda oder Tilsiter	einige Zahnstocher oder Rouladennadeln
100 gekochter Schinken	

● Das Schweinefilet kurz abspülen, mit Küchenpapier trockentupfen, dann mit einem spitzen sowie scharfen Messer der Länge nach eine Tasche in das Filet schneiden.

● Innen und außen pfeffern und mit einigen Salbeiblättenr auslegen. Gouda oder Tilsiter und den gekochten Schinken fein würfeln. In das Filet füllen, zusammenklappen und mit Zahnstochern oder Rouladennadeln feststecken.

● In einem größeren Bräter die Butter schmelzen, das Fleisch darin von allen Seiten anbraten, mit Brühe ablöschen und zugedeckt bei milder Hitze ca. 20 Minuten schmoren lassen.

● Das Fleisch vorsichtig herausnehmen, auf eine vorgewärmte Platte geben, Zahnstocher oder Rouladennadeln entfernen. Mit einem Stück Alufolie abgedeckt warmhalten.

● Den Fond mit Sahne verrühren und bis zur gewünschten Konsistenz einkochen lassen. Mit Pfeffer, edelsüssem Paprikapulver und dem restlichen, zerriebenen Salbei abschmecken.

● Das aufgeschnittene Filet in der Sauce servieren.

Beilage:
Kartoffel (Erdäpfel)-Püree, Brandnudeln, gemischter Salat

Gurken-Pfifferling-Gemüse mit Butterkäse

250 g frische Pfifferlinge (Reherl)	20 - 30 g Butter
750 g Schmorgurken	Salz
50 g geräucherter Speck	Pfeffer
1 Zwiebel	125 g Butterkäse
	1/2 Bund frischer Dill

● Die Pfifferlinge putzen, wenn nötig kurz kalt abspülen und mit Küchenpapier trockenreiben. Große Pilzköpfe halbieren. Die Gurken waschen und in größere Stücke schneiden. Den Speck fein würfeln. In einer größeren Pfanne knusprig rösten.

● Die Zwiebel schälen, würfeln und mit der Butter im Speck glasig dünsten. Pfifferlinge sowie Gurken dazugeben. Zugedeckt ca. 10 Minuten garen lassen.

● Den Butterkäse fein würfeln, untermischen und schmelzen lassen. Zuletzt fein gehackten Dill darüber verteilen.

Überbackener Broccoli

600 - 700 g frischer Broccoli; vorgegart	1/4 l saure Sahne (Rahm)
Butter für die Form	100 g Frischkäse
frisch gem. schwarzer Pfeffer	Salz
Sauce: 3 Eigelb	frisch gem. Muskat
	3 Eiweiß (Eiklar)

● Den frischen Broccoli putzen, waschen und dünsten, dann gut abtropfen lassen. Eine hitzebeständige, backofenfeste Auflaufform aus Glas, Porzellan oder Keramik einfetten, das Gemüse hineingeben und mit frisch gemahlenem Pfeffer würzen.

● Den Backofen auf 210-230°C vorheizen.

● Eigelb, saure Sahne, Frischkäse sowie Gewürze in eine Rührschüssel geben und mit dem Elektroquirl cremig verrühren. Anschließend in einer zweiten Schüssel den Eischnee steif schlagen und vorsichtig unter Masse ziehen.

● Die Käsesauce über den Broccoli geben und die Form für ca. 20 Minuten in den heißen Backofen setzen. Zwischendurch kontrollieren, ob das Gericht bereits bräunt.

Anmerkung:
Anstelle von Broccoli können Sie auch Chicorée oder Blattspinat mit der Käsesauce überziehen und im Backofen überkrusten lassen.

Spinat in Gorgonzolacreme

1 kg frischer Spinat	100 g Gorgonzola (Edelpilzkäse)
2 Schalotten	1/8 l süße Sahne (Obers)
1 Knoblauchzehe	2 Eigelb (Eidotter)
30 g Butter	frisch geschroteter Pfeffer
1/8 l trockener Weißwein	etwas Muskat

● Den Spinat verlesen, mehrmals gründlich in kaltem Wasser waschen und tropfnaß in einen großen, weiten Topf geben. Zugedeckt dünsten, bis die Blätter zusammenfallen. Abtropfen lassen.

● Für die Gorgonzolacreme die Schalotten sowie Knoblauch schälen und fein würfeln. Beides in geschmolzener Butter andünsten. Mit Weißwein ablöschen und etwas einkochen lassen.

● Den Gorgonzola in kleine Stücke schneiden, hinzufügen und unter beständigen Rühren schmelzen lassen. Von der Kochstelle nehmen, Eigelbe mit Sahne verquirlen, kräftig würzen und die Sauce damit legieren.

● Den Spinat auf vorgewärmten Tellern anrichten, mit der Käsecreme überziehen und sofort servieren.

Beilage:
Körniger Reis oder frisches Weißbrot.

Gefüllte Zwiebeln

4 große Gemüse-Zwiebeln à ca. 350 g	1 Glas Senfgurken (Einwaage 215 g)
350 g Rinderhackfleisch (Faschiertes)	1 Ei
1 EL Butterschmalz	150 g geriebener Emmentaler, 30 g Butter
Salz, roter Pfeffer	4 EL Semmelbrösel
1/2 Bund frischer Salbei	100 ml trockener Weißwein

● Die Zwiebeln schälen und und in gesalzenem Wasser ca. 10-15 Minuten dünsten, abkühlen lassen, dann aushöhlen. Die Hälfte des Fruchtfleisches fein hacken und zusammen mit dem Hackfleisch in heißem Butterschmalz anbraten. Mit Salz, Pfeffer sowie kleingeschnittenem Salbei würzen, dann die Mischung etwas abkühlen lassen.

● Die Gurken abtropfen und fein würfeln.

● Das Ei und 100 g geriebenen Käse verrühren und zur Fleischmasse geben.

● Die ausgehöhlten Zwiebeln in eine gefettete Auflaufform setzen, restliche Zwiebelwürfel zugeben und die Hackfleischmasse einfüllen.

● Die Butter schmelzen, darin die Semmelbrösel anrösten und über die Zwiebeln verteilen. Weißwein angießen.

● Nun das Gericht im Backofen bei 200-220°C in ca. 40 Minuten garen. Den restlichen Käse ca. 10 Minuten vor Ende der Garzeit auf die Zwiebeln geben.

Beilage:
Kartoffeln (Erdäpfel)-Erbsen-Püree oder Kräuterreis, gemischter Salat

Raffinierte Zucchini-Käse-Medaillons

600 g Zucchini	1/2 TL edelsüßes Paprikapulver
1 große Zwiebel	Salz
2-3 Eier	weißer Pfeffer
1/2 EL frischer, gehackter Dill	50 g ger. Emmentaler
20 g weiche Butter	ÖL zum Ausbacken
2-3 EL Mehl	1 Becher Magermilch-Joghurt
2 EL Stärkemehl	1 Knoblauchzehe
60 ml saure Sahne (Rahm)	

● Zucchini waschen, trokkenreiben und schälen. An beiden Enden abschneiden. Die Zwiebeln ebenfalls schälen.

● Beides mit Hilfe einer Küchenmaschine fein raspeln, dann in eine große Schüssel geben, mit Salz bestreuen, durchmischen und ca. 20 Minuten stehen lassen. In dieser Zeit geben die Zucchini Feuchtigkeit ab. Die Mischung abgießen und gut ausdrücken.

● Eier, Dill, Butter, Mehl, Stärkemehl, saure Sahne, Gewürze und Käse gleichmäßig verrühren. Hierzu am besten den Elektroquirl einsetzen.

● Das Gemüse dazugeben, alles gut vermischen und ca. 10 Minuten durchziehen lassen.

● In einer weiten Pfanne das Öl erhitzen, mit einem großen Löffel (z.B. Kartoffel-Löffel) von der Gemüsemasse Portionen abnehmen und im Öl von beiden Seiten ausbacken. So lange fortfahren, bis alles aufgebraucht ist. Joghurt mit etwas Wasser glattrühren und mit frischgepreßtem Knoblauch sowie Salz würzen. Zu den Zucchini-Medaillons servieren.

Variation:
Sie können die Zucchinimasse auch ohne den eingearbeiteten Käse zubereiten, dann in einer gefetteten hitzebeständigen Form aus Glas oder Porzellan (Ø 28 cm) geben, obenauf mit Käse dick bestreuen und bei 180-200°C ca. 50 Minuten im Backofen zubereiten. Nach dem Herausnehmen leicht ausdampfen und aufschneiden. Noch warm servieren.

Interessant für Sie:
Sicher haben auch Sie sich schon oftmals die Frage gestellt, wie die Löcher in den Käse kommen. Während des Reifeprozesses bilden bei einzelnen Käsesorten die in der Herstellung zugesetzten Bakterien ein Kohlensäuregas. Die Rinde und feste Käsemasse verhindern das Entweichen des Gases, daher bilden sich verschiedene große „Gasblasen", die später als Löcher im angeschnittenen Laib sichtbar sind.

Fenchel mit Edelpilzhaube

2 größere Fenchelknollen	200 g Edelpilzkäse (z.B. Gorgonzola)
Wasser, Weißwein	125 ml süße Sahne (Obers)
etwas Salz	Salz, weißer Pfeffer
Butter für die Form	etwas Thymian
100 g gekochter Schinken	
1 Ei	

● Von den Fenchelknollen die grünen Stengel abschneiden, die Knollen säubern, in Scheiben schneiden und gründlich waschen.
● In einem größeren Topf Wasser mit Weißwein und Salz aufkochen, den Fenchel hineingeben und bei milder Hitze ca. 10 Minuten garen lassen.
● Eine mittelgroße, halbhohe Auflaufform einfetten. Mit den abgetropften, ausgedampften Fenchelscheiben auslegen. Kleingeschnittenen Schinken darüberstreuen.
● Den Gorgonzola mit einer Gabel zerdrücken und mit Ei, Sahne sowie den Gewürzen gut verrühren. Über den Schinken in die Form geben.

● Den Backofen auf 210 - 230°C vorheizen und den Fenchel auf der mittleren Schiene in ca. 20 - 25 Minuten goldbraun überbacken.

Anmerkung:
Dieses Gemüse-Gericht können Sie als Vorspeise servieren. Reichen Sie dann salziges Blätterteig-Gebäck dazu. Es eignet sich aber auch als Beilage zu gegrilltem oder kurz gebratenem Fleisch.

Schwedische „Fächer"-Kartoffeln
(Erdäpfel)

8-12 mittelgroße, längliche Kartoffeln (Erdäpfel) gleicher Größe	frisch gem. Pfeffer
Salz	50 g Butter
	60 g geriebener Parmesan
	etwas Butter für die Form

● Die Kartoffeln schälen, waschen und mit Küchenpapier trockentupfen. Einzeln auf einen Eßlöffel legen und in dichten Abständen so weit einschneiden, dass sie unten noch zusammenhalten.
● Eine eher flache, backofenfeste Auflaufform aus Glas, Porzellan oder Keramik einfetten, die Kartoffeln mit der eingeschnittenen Seite nach oben nebeneinander hineinsetzen.
● Würzen, mit Butterflöckchen belegen und bei 180 - 200°C ca. 50 - 60 Minuten im Backofen garen.
● Etwa 10 Minuten vor Ende der Garzeit nochmals mit der abgetropften Butter bestreichen und mit frisch geriebenem Parmesankäse bestreuen.

Anmerkung:
Die Fächer-Kartoffeln eignen sich als Beilage zu gegrilltem Fleisch oder Fisch.

Herbstsalat

1 kleine Sellerieknolle	10 Walnuß-Hälften
1 EL Zitronensaft	1 EL Rotweinessig
3 reife Äpfel, 2 reife Birnen	3 EL Walnußöl
100 g Emmentaler	Salz, weißer Pfeffer
1 Scheibe Vollkornbrot	1 Prise Cayennepfeffer
1EL Butter	1 Prise Zucker

● Die Sellerieknollen schälen und in dünne, längliche Stifte schneiden. Mit Zitronensaft beträufeln, durchmischen, dann ca. 30 Minuten lang stehen lassen.

● Äpfel und Birnen waschen, halbieren schälen, vom Kerngehäuse befreien und in feine Scheiben schneiden. Den Käse würfeln, den Vollkorntoast in kleine Stücke zerteilen und in heißer Butter goldbraun rösten. Die Hälfte der Walnüsse hacken.

● Aus Rotweinessig, Nußöl, Gewürzen sowie Zucker eine Marinade anrühren. Alle Zutaten darin vorsichtig mischen. Mit den restlichen Walnußhälften dekorieren.

Käse-Salat mit feiner Senf-Vinaigrette

3 rote Zwiebeln
1 Glas (240 ml) paprikagefüllte Oliven
1 Lollo Rosso Salatkopf
250 g Edamer Käse in etwas dickeren Scheiben
2 Zweige Thymian
2 EL mittelscharfer Senf z.B. von Thomy
5 El Rotwein-oder Obstessig
1/2 EL Zucker, Salz, frisch gem. Pfeffer
6 - 7 EL Sonnenblumen- oder Weizenkeimöl
10 - 12 Scheiben feine italienische Salami
1/2 TL bunter Pfeffer

● Die Zwiebeln schälen und in feine Ringe schneiden. Die Oliven auf einem Sieb abtropfen lassen. Den Salatkopf putzen, trocken schleudern und in mundgerechte Stücke zupfen.
Den Käse in Rauten schneiden. Den Thymian kurz kalt abbrausen,

trockentupfen und die Blätter abzupfen.

● Senf, Essig, Zucker, Salz und Pfeffer verrühren. Mit einem Schneebesen das Öl langsam unterschlagen.

● Den Salat,die Zwiebelringe, Oliven, den Käse sowie die halbierten Salamischeiben in einer größeren Schüssel durchmischen.

● Die Senf-Vinaigrette darüber verteilen und mit Thymian bestreuen. Zuletzt den bunten Pfeffer darüber geben.

Beilage:
Salziges Blätterteiggebäck.

Tilsiterwürfel auf Apfelscheiben

200 g Tilsiter	Saft von 1 Zitrone
50 g geräucherter, durchwachsener Speck	1 Prise Zucker
1 Bund Schnittlauch	Salz, weißer Pfeffer
	2 Äpfel, einige Salatblätter

● Den Käse in kleine Würfel schneiden. Den Speck würfeln und in eine mittelgroße Pfanne ausbraten. Den Schnittlauch waschen, trockentupfen und in feine Röllchen schneiden. Alle Zutaten gut durchmischen.

● Zitronensaft, Zucker, Salz, Pfeffer und Öl verrühren. Diese Marinade über den Käse geben und etwas durchziehen lassen.

● Die Äpfel gründlich waschen, gut trockenreiben und mit einem Apfelausstecher das Kerngehäuse vollständig entfernen. Die Äpfel in dünne Scheiben schneiden.

● Servierteller mit geputzten, gewaschenen und gut abgetropften Salatblättern auslegen.
Die Apfelscheiben dekorativ auflegen und den Käse darauf anrichten.

Griechischer Salat mit Schafkäse

1/2 Salatgurke	Marinade:
400 g reife Tomaten	2-3 EL Essig, Salz
200 g würziger Schafkäse	je 1 Prise Zucker und Pfeffer , Oregano
1 kleine Zwiebel	4 EL kalt gepreßtes Olivenöl
10 schwarze Oliven	

● Die Salatgurke waschen, trockenreiben und grob hobeln. Die Tomaten ebenfalls waschen, achteln, den grünen Stengelansatz entfernen und zu den Gurken geben. Den Schafkäse würfeln. Die Zwiebel schälen, in feine Ringe schneiden und zusammen mit den Oliven zu den Gemüsezutaten geben.

● Für die Marinade Essig, Salz, Zucker, Pfeffer Oregano sowie Öl sämig verrühren, über die Salatzutaten verteilen,vorsichtig durchmischen und servieren.

Käse-Sellerie-Salat mit Pflaumen

200 g Poree (Lauch)	2 Becher Vollmich-Joghurt (à 150 g)
100 g Staudensellerie	100 g Aprikosenmarmelade
250 g frische Pflaumen	1 - 2 TL Curry
2 kleine, rote Äpfel à ca. 100 g	etwas Zitronensaft
200 g deutscher Tilsiter	frisch gemahlener Pfeffer
3 EL Mayonnaise	

● Den Poree putzen, in dünne Ringe schneiden, gründlich waschen und abtropfen lassen.
In kochendem Wasser für 1 Minute blanchieren, über ein Sieb abgießen und in eiskaltem Wasser abschrecken. Erneut abtropfen lassen.

● Den Staudensellerie putzen, waschen und in 1/2 cm schmale Stücke schneiden. Pflaumen und Äpfel waschen, trockenrei-

ben, halbieren, entkernen und in schmale Spalten teilen.

● Den Käse zuerst in Scheiben, dann in kurze Streifen schneiden. Die Gemüsezutaten mit dem Obst und dem Käse in einer Schüssel gut durchmischen.

● Aus Joghurt, Mayonnaise, Marmelade, Curry, etwas Zitronensaft sowie Pfeffer eine raffinierte Sauce anrühren und über dem Salat verteilen, dann gleichmäßig unterziehen.

● Vor dem Servieren 1 Stunde im Kühlschrank durchziehen lassen.

Beigabe:
Salziges Blätterteiggebäck und ein kühles Pils.

Ananas-Gouda-Salat

- einige schöne Kopfsalat- oder Chicoree-Blätter
- 300 g junger Gouda am Stück
- 300 g frische Ananas, geschält
- 80 g Mandelstifte
- 1 1/2 EL Butter
- 125 g Crème fraîche
- 1 EL Zitronensaft
- Salz, weißer Pfeffer
- etwas Cayennepfeffer und Curry

● Die Salatblätter gründlich unter fließendem, kalten Wasser waschen und trocken schleudern. Dekorativ in einer mittelgroßen Schüssel anrichten.

● Gouda sowie Ananas in kleine Würfel oder feine Stifte schneiden. Die Mandeln in heißer Butter goldbraun rösten, anschließend zum Abtropfen auf ein Stück Küchenpapier geben.

● Für die Sauce Créme fraîche mit Zitronensaft, Salz, Pfeffer, Cayennepfeffer sowie Curry abschmecken. Ananas- und Käsestückchen dazugeben.

● Gut durchmischen und mindestens 1 Stunde zugedeckt im Kühlschrank durchziehen lassen, dann mittig zwischen den Salatblättern anrichten und mit den Mandeln bestreuen.

Gratinierte Nudeln

- 300 g vorgekochte Nudeln (z.B. Penne oder Maccaroni)
- 40 g Butter
- 150 ml Süße Sahne (Obers)
- 125 g geriebener Emmentaler
- etwas gehackte Petersilie

● Den Backofen auf 250°C vorheizen.

● Die Nudeln abtropfen lassen. Eine backofengeeignete Auflaufform mit etwas Butter einfetten. Die noch heißen Nudeln mit der restlichen Butter sowie der Sahne vermischen, in die Form füllen, mit Käse bestreuen und ca. 15 Minuten im Backofen gratinieren.

● Kurz vor dem Servieren gehackte Petersilie aufstreuen.

Anmerkung:
Nach Belieben können Sie auch 1/2 geschälte, frisch gepreßte Knoblauchzehe unter die Nudeln geben.

Kohlrabi-Kartoffel-Gratin

4 kleine Kohlrabi	1 Knoblauchzehe nach Belieben
500 g mehlige Kartoffeln (Erdäpfel)	150 ml Milch
4 geschälte Zwiebeln	250 ml süße Sahne (Obers)
150 g würzige Salami	2 Eier
200 g geriebener Emmentaler	etwas Paprikapulver
Salz, frisch gem. Pfeffer	2-3 EL Semmelbrösel
frisch gem. Muskat	40 g Butter

● Die Blätter der Kohlrabi entfernen, anschließend schälen, dann waschen.

● Kartoffeln ebenfalls schälen und kurz kalt abbrausen. Kohlrabi, Kartoffeln, Zwiebeln und Salami in dünne Scheiben schneiden.

● Eine halbhohe, größere Auflaufform ausfetten, zunächst einige Kartoffelscheiben, dann die anderen Zutaten lagenweise einschichten. Dabei - nach Belieben - mit frisch gepreßtem Knoblauch, etwas geriebenem Käse sowie den Gewürzen bestreuen. Die letzte Lage sollte aus Kartoffelscheiben bestehen.

● Milch mit Sahne und Eiern verquirlen, mit Salz sowie Paprikapulver kräftig würzen, dann gleichmäßig über die Zutaten in die Form gießen.

● Den restlichen Käse mit 2-3 EL Semmelbröseln vermischen und auf den Auflauf geben. Mit Butterflöckchen belegen, dann bei 180-200°C ca. 60-70 Minuten im unteren Drittel des Backofens zubereiten.

Zwischendurch kontrollieren, falls die Oberseite zu dunkel wird, mit Alufolie abdecken.

Hinweis:
Das Kohlrabi-Kartoffeln-Gratin eignet sich, in Kombination mit einem Salat, als Hauptgericht. Möchten Sie das Gratin als Beilage servieren, so reicht die Menge für ca. 6 Personen.

Gratin „dauphinois" (Kartoffelgratin)

1 Knoblauchzehe	weißer Pfeffer
Butter für die Form	80 g Sbrinz oder geriebener Emmentaler
1 kg mehlig, festkochende Kartoffeln (Erdäpfel)	200 ml süße Sahne (Obers)
Salz	40 g Butter

● Die Knoblauchzehe schälen, halbieren und eine größere, halbhohe Auflaufform damit ausreiben, dann mit Butter einfetten und für einige Minuten kühl stellen.

● Die Kartoffeln schälen, kurz waschen, dann in dünne, gleichmäßige Scheiben schneiden.

● Eine Hälfte der Kartoffelscheiben in die Form geben, würzen und mit etwas Käse bestreuen. Die zweite Hälfte einfüllen, den restlichen Käse aufstreuen, nochmals würzen, mit Sahne übergießen und oben auf kleine Butterflöckchen setzen.

● Bei 200-220°C in der Backofenmitte in ca. 50-60 Minuten zubereiten und - je nach Bräunungsgrad - noch einige Minuten unter dem Grill überkrusten.

Variation:
Für ein raffiniertes „Krabben-Kartoffelgratin" geben Sie auf die erste Kartoffelschicht ca. 375 g gewaschene, gut abgetropfte Krabben.

Interessant für Sie:
Das Beste eines Gratins ist seine schöne Kruste. Sie entsteht, wenn geriebener Käse in Kombination mit Butter verwendet wird. Möglichst flache und eher weite Gratinformen sind idealerweise zu bevorzugen.

Raffiniertes Käse-Soufflé

60 g Butter	4 Eigelb (Eidotter)
75 g Mehl	frisch gem. Pfeffer
1/4 l kalte Milch	frisch gem. Muskat, Salz
200 g geriebener „mittelalter" Gouda oder würziger Emmentaler	4 Eiweiß
	Butter für die Form

● Die Butter in einem weiten Topf schmelzen. Das Mehl darüberstäuben und goldgelb anschwitzen, von der Kochstelle nehmen und etwas abkühlen lassen.

● Nach und nach die kalte Milch dazugeben, dabei ständig mit dem Schneebesen glattrühren.

● Die Mischung salzen, dann einmal aufkochen und auf niedriger Stufe ca.15 Minuten lang ziehen lassen. Mehrfach umrühren.

● Ist die Masse cremig,

nacheinander die Eigelbe unterrühren.

● Zuletzt den frisch geriebenen Käse unterziehen und kräftig würzen.

● Den Backofen auf 180-200°C vorheizen.

● Die Eiweiße unter Zugabe von etwas Salz mit dem Elektroquirl mit Knetern schnittfest schlagen, vorsichtig, jedoch gleichmäßig, unter die Käsemasse heben. Eine Soufflé-Form am Boden einfetten, die Mischung einfüllen und sofort in den heißen Backofen geben. 40-50 Minuten im unteren Drittel goldbraun backen. Sofort servieren.

Beilage:
Gemischter Salat

Hinweise:
Wenn Sie 1 Messerspitze Backpulver zum Eischnee geben, so geht die Soufflémasse noch besser auf. Wichtig ist, daß der Backofen ausreichend lang vorgeheizt wurde, damit dieses köstliche Gericht nicht zusammenfällt. Während des Backens die Tür nicht öffnen!

Bayerischer „Obazda"
(Käseaufstrich)

200 g vollreifer Camembert (möglichst Zimmertemperatur)	Salz, weißer Pfeffer
200 g reifer Brie	edelsüßes Paprikapulver
80 g weiche Butter	etwas gemahlener Kümmel
2-3 EL saure Sahne (Rahm)	2 EL Bier
1 Zwiebel	Kümmel oder gehackter Schnittlauch z. Bestreuen

● Camembert und Brie grob würfeln und in eine Schüssel geben. Butter und Rahm dazugeben. Alles mit Hilfe einer Gabel fein zerdrücken.

● Die Zwiebel schälen, sehr fein hacken und mit Gewürzen und dem Bier zum Käse-Buttergemisch geben. Nochmals gut durchrühren.

● Zugedeckt etwa 1 Stunde lang im Kühlschrank durchziehen lassen. Dann auf einem

Teller anrichten, mit Kümmel oder gehacktem Schnittlauch bestreuen und servieren.

Beilage:
Dazu passen Radieschen, Salzgebäck oder frische Brezen.

Variation:
Den Brie können Sie auch durch Doppelrahmfrischkäse ersetzen, dann schmeckt der „Obazda" milder.

Marinierter Ziegenkäse

8 Stück Ziegenkäse à 30 g	1 rote Chilischote
1/2 l Sonnenblumen- oder Weizenkeimöl	frische Kräuter wie Minze, Salbei, Oregano
1/4 l natives Olivenöl (kalt gepreßt)	1 Knoblauchzehe

- Den Ziegenkäse kurz kalt abspülen und mit Küchenpapier trockentupfen. Die Chilischote aufschneiden, die Kerne entfernen, dann die Schote sehr fein würfeln.
- Den Käse zusammen mit den Kräutern, dem geschälten, halbierten Knoblauch und der feingehackten Chilischote dekorativ in ein Glas einschichten.
- Die beiden Ölsorten mischen und hinzufügen.
- Das ganze mindestens 24 Stunden im Kühlschrank durchziehen lassen.

Beilage:
Geröstetes Bauernbrot, Weizenvollkorn-Toast und ein kühles Bier.

Interessant für Sie :
Welches Getränk serviert man am besten wozu? Weißwein passt gut zu mildem Käse oder Frischkäse. Rotwein ist ein idealer Begleiter für alle würzig-pikanten Sorten wie Edelpilzkäse oder Tilsiter. Ein leichter Rosé-Wein unterstützt den Geschmack von Camembert oder Brie. Käse mit herzhaftem oder pikantem Aroma schmeckt am besten mit einem kühlen Glas Bier.

Knusprige Käsestangen

300 g tiefgefrorener Blätterteig

Mehl

100 g „alter" Gouda, frisch gerieben

grober Pfeffer

1 Eigelb (Eidotter) zum Bestreichen

2 EL Kümmel nach Belieben

● Die Blätterteigplatten nach Packungsangabe auftauen lassen, die Platten aufeinanderlegen. Auf bemehlter Arbeitsfläche (Backbrett) zu einem ca. 40x40 cm großen Quadrat ausrollen.
● Eine Hälfte der Teigplatte mit frisch geriebenem Käse bestreuen und pfeffern. Die andere Teighälfte darüberklappen und einige Male mit einem Teigroller darüberrollen. Mit verquirltem Eigelb bestreichen und mit Kümmel bestreuen.
● Die Platte mit einem Teigrädchen in 2 cm breite Streifen schneiden, diese spiralförmig aufdrehen und auf ein mit Wasser abgespültes Backblech legen. Mindestens 20 Minuten lang kühl stellen.
● Inzwischen den Backofen auf 210-230°C vorheizen, das Gebäck hineingeben und in 12-15 Minuten goldbraun backen.

Käse-Dip-Variationen

Die verschiedenen Dips servieren Sie am besten zusammen mit länglich geschnittenem, rohem Gemüse wie Karotten, Gurken, Lauchzwiebeln Chicoree oder Tomatenvierteln. Auch kurz gedünsteter Fenchel oder Stangensellerie eignen sich. Darüber hinaus darf frisches oder geröstetes Brot nicht fehlen.

Käse-Kefir-Dip

125 g Doppelrahm-Frischkäse

200 g Edelpilzkäse

100 g Sahnekefir

2 EL grobgehackte Haselnüsse

● Frisch- und Edelpilzkäse mit einer Gabel zerdrücken, dann mit dem Kefir gut verrühren, in eine Schale geben und mit den gehackten Haselnüssen bestreuen.

Ingwer-Käse-Dip

- 150 g süße Sahne (Obers)
- 1 Msp. Kurkuma
- 1/2 TL gemahlener Koriander
- 2 EL feingeschnittener, frischer Ingwer
- 100 g Schmelzkäse
- 3 cl Kirschwasser

● Die Sahne langsam erhitzen, würzen und den Schmelzkäse darin auflösen. Zuletzt das Kirschwasser unterrühren und die Masse abkühlen lassen.

Kräuter-Dip

- 2 Knoblauchzehen
- 4 EL Sonnenblumenöl
- 1 kleine Zwiebel
- 1/2 Bund Petersilie
- 1/2 Bund Kerbel
- 1/2 Bund Schnittlauch
- 50 g Gartenkresse

2 hartgekochte Eier
2 EL Rotwein- oder Obstessig
Salz, frisch gemahlener Pfeffer
1 EL Senf
250 g Sahnejoghurt
150 g Weichkäse Romadur oder Limburger (Weichkäse mit Rotschmiere)

● Die Knoblauchzehen schälen und in eine Schüssel pressen. Öl, geschälte sowie gehackte Zwiebel, gehackte Kräuter und fein gewürfelte Eier dazugeben, Essig, Gewürze, Senf und Joghurt unterrühren.

● Den Weichkäse (Weinkäse. Romadur oder Limburger) in feine Stücke schneiden, zu den anderen Zutaten geben und gleichmäßig untermischen.

● 2-3 Stunden zugedeckt im Kühlschrank durchziehen lassen.

Preiselbeer-Meerrettich-Dip

150 g Joghurt
75 g saure Sahne (Rahm)
100 g Preiselbeeren (aus dem Glas)
3 EL frisch geriebenen Meerrettich (aus dem Glas)
weißer Pfeffer, 1/2 TL gemahlener Koriander

● Joghurt, saure Sahne, Preiselbeeren, Meerrettich sowie Gewürze gut verrühren, in eine Schale geben und im Kühlschrank durchziehen lassen.

Frischkäse-Terrine im Lauchmantel

3 Blatt Gelatine	3 Tomaten
etwas Klarsichtfolie oder Margarine	1 Bund Basilikum
1 große Stange Lauch (Poree)	400 g Blauschimmelkäse (Weichkäse mit Blauschimmel)
Salz	250 g Frischkäse
1 rote Paprikaschote	frisch gemahlener Pfeffer
1 gelbe Paprikaschote	

● Die Gelatine in kaltem Wasser einweichen. Eine Kastenform - ca. 1,2 l Inhalt - aus Glas, Porzellan oder Kunststoff dünn einfetten oder mit Klarsichtfolie auslegen. Falls Sie die Form einfetten, diese dann in den Kühlschrank stellen, damit das Fett nicht flüssig wird.

● Den Lauch der Länge nach halbieren, in die einzelnen Blätter zerteilen, gründlich waschen, abtropfen lassen, dann für 2-3 Minuten in reichlich kochendem Salzwasser blanchieren. In eiskaltem Wasser abschrecken, abtrocknen lassen und mit Küchenpapier trockentupfen.

● Die Kastenform mit den Lauchblättern quer und längs auslegen, dabei die Blätter überlappen und gut über die Form hinaus ragen lassen, damit die Oberseite der Käse-Terrine auch abgedeckt wird.

● Paprika waschen, trockenreiben, halbieren, von den Kernen sowie Rippen befreien und fein würfeln.

● Die Tomaten heiß überbrühen, häuten, vierteln, entkernen und in kleine Stückchen schneiden.

● Den Basilikum grob hacken.

● Den Blauschimmelkäse in kleine Würfel zerteilen, zusammen mit dem Frischkäse in eine Rührschüssel geben, Paprikawürfel sowie Basilikum hinzufügen. Salz und Pfeffer einstreuen.

● Die Masse vorsichtig mit dem Elektroquirl mit Knetern durcharbeiten.

● Gelatine ausdrücken, in wenig heißem Wasser auflösen und rasch in die Masse einarbeiten. Zuletzt die Tomatenwürfel untermischen.Nochmals abschmecken, dann die Käsemasse in die vorbereitete Form füllen, die Lauchblätter darüber zusammenfalten und am besten über Nacht, im Kühlschrank durchziehen lassen.

● Die Terrine aus der Form stürzen, bei Bedarf die Klarsichtsfolie entfernen und mit einem scharfen Messer in Scheiben schneiden.

Beilage:
Knusprige Bratkartoffeln (gebratene Erdäpfel) oder frisches Landbrot.

Herzhaftes Käse-Fondue

350 g „alter" Gouda-Käse	4 TL Stärkemehl
350 g „mittelalter" Gouda-Käse	6 EL Kirschwasser oder Gin
2 Knoblauchzehen	weißer Pfeffer, Muskat
1/4 trockener Weißwein (Riesling)	Weißbrot
2 TL Zitronensaft	200 g milder, roher Schinken

● Die beiden Käsesorten in passende Stücke zerteilen und mit Hilfe einer Mühle von Hand oder in der Küchenmaschine reiben.

● Die Knoblauchzehe schälen, längs halbieren und den Fondue-Topf damit sorgfältig ausreiben.

● Den Weißwein zusammen mit dem Zitronensaft in den Fonduetopf geben und bei milder Hitze langsam erwärmen.

● Den geriebenen Käse nach und nach dazugeben und unter beständigem Rühren in 5-8 Minuten auflösen.

● Das Stärkemehl mit dem Kirschwasser oder dem Gin glattrühren und zur Käsemasse geben.

Gleichmäßig unterziehen, dann das Fondue nochmals unter weiterem Rühren erhitzen, bis die Mischung zäh und geschmeidig ist.

● Mit frisch gemahlenem Pfeffer sowie Muskat abschmecken, dann servieren.

Beilage:
Geröstete Weißbrotwürfel und Schinken (Würfel aufspießen und eintauchen)

Interessant für Sie:
Zu einem herzhaften Käse-Fondue können Sie neben Weißbrotwürfeln und rohem Schinken auch folgende Beigaben servieren:

- geröstetes Bauernbrot (Würfel)
- kleine Pellkartoffeln (Erdäpfel)
- kleine, kurz aufgedünstete Champignons
- blanchierte, groß gewürfelte Zucchini

Das wichtigste ist der Fondue-Topf. Er sollte am besten aus hitzebeständiger Keramik sein. Emaillierte Töpfe oder Glasgeschirr sind ebenfalls geeignet. Immer den kalten Topf auf die kalte Herdplatte setzen und beides zusammen erhitzen. Heißes Geschirr niemals auf eine kalte oder nasse Unterlage sondern stets auf passende Topf-Untersetzer geben.

Camembert-Fondue

800 g Camembert (nicht zu weich)
Mehl
2 Eier
Semmelbrösel
1 kg Butterschmalz
kleine chinesische Metallsiebchen

● Den Camembert in 2-3 cm große Stücke schneiden, zuerst in Mehl, dann in verquirlten Eiern und zuletzt in Semmelbröseln wenden.
● Auf einer Platte anrichten und ca. 1 1/2 Stunden im Kühlschrank durchziehen lassen.
● Das Butterschmalz in einem Fonduetopf erhitzen, den Topf auf das Rechaud stellen, die Camembert-Stückchen auf die Metallsiebchen legen und im heißen Fett frittieren.

Beilage:
Stangenweißbrot, saure Sahne (Rahm), Preiselbeeren oder Feldsalat (Rapunzel) mit geraspelten Äpfeln.

Schweizer Käsewähe

Teig:
200 g Mehl
100 g kalte Margarine oder Butterschmalz
2 Eigelb (Eidotter)
3 EL kaltes Wasser
1 gestr. TL Backpulver
1/4 TL Salz

Käse-Belag:
100 g ger. Greyerzer
100 g ger. Emmentaler
50 g ger. Parmesan
1/4 l saure Sahne (Rahm)
2 Eier
weißer Pfeffer
edelsüßes Paprikapulver

● Aus Mehl, Fett, Eigelb, Wasser, Backpulver sowie Salz einen geschmeidigen Mürbeteig zubereiten. Hierzu am besten den Elektroquirl mit Knetern oder die Küchenmaschine einsetzen. Den Teig mindestens 30 Minuten kalt stellen.

● Eine Springform Ø 26 cm aus dunklem Metall bereitstellen. 2/3 des Teiges am Boden der Form ausrollen, den restlichen Teig zu einer Rolle formen und damit einen ca. 2-3 cm hohen Rand anfertigen. Den Boden mit einer Gabel mehrfach einstechen.

● Die verschiedenen Käsesorten von Hand oder in einer Küchenmaschine reiben. Gleichmäßig durchmischen, dann auf dem Teigboden verteilen. Saure Sahne, Eier und Gewürze verquirlen. Über den Käse in die Form geben.

● Bei 200-220°C im unteren Drittel des Backofens in ca. 40-50 Minuten goldbraun backen. Anschließend 10 Minuten im abgeschalteten Backofen stehenlassen. Vorsichtig aus der Form lösen. Noch warm servieren.

Hinweis:
Unter die Käsemasse können Sie nach Belieben noch ca. 150 g in Streifen geschnittenen, gekochten Schinken oder kurz angedünstete Zwiebelringe mischen.

Interessant für Sie:
Hartkäse ist länger haltbar, wenn er in ein feuchtes Tuch eingewickelt aufbewahrt wird.

Würzige Hackfleischbällchen mit Käsefülle

1 altbackene Semmel	1/4 TL scharfer Senf
1 kleine Zwiebel	Salz, gem. Pfeffer
1/2 Bund gehackte Petersilie, 1 Ei	einige Tropfen Zitronensaft
500 g gemischtes Hackfleisch (Faschiertes)	1 kräftige Prise Cayennepfeffer
1/2 Knoblauchzehe	150 g „mittelalter" Gouda oder Edamer

● Die Semmel in Wasser einweichen, dann gut ausdrücken.
● Die Zwiebel schälen und fein hacken. Die Petersilie kalt abbrausen, mit Küchenpapier trockentupfen und fein hacken.
● Zusammen mit den Zwiebelwürfeln sowie der zerpflückten Semmel in eine halbhohe Rührschüssel geben. Ei, Hackfleisch, frisch gepreßten Knoblauch, Senf, Gewürze, Zitronensaft und Cayennepfeffer dazugeben. Mit dem Elektroquirl mit Knetern kräftig durchkneten.
● Den Käse in ca. 1 1/2 cm große Würfel schneiden. Aus dem Fleischteig pflaumengroße Kugeln formen, jeweils einen Käsewürfel mittig eindrücken und mit Fleischmasse ummanteln.
● Auf ein gefettetes Backblech geben und bei 210 - 230°C in der Mitte des Backofens ca. 25-30 Minuten braten.
Dabei evtl. wenden.
Beilage:
Bratkartoffeln (gebratene Erdäpfel), Tomatensalat mit Zwiebelringen oder Zucchini-Gemüse.

Herzhafte Käse-Kräuterquiche

Teig:
120 g abgetropfter Quark (Topfen), 20% Fettgehalt
1 Eigelb
je 1 Prise Zucker und Salz
150 g Mehl
1 gestr. TL Backpulver
Belag:
ca. 500 g Weißkohl
2 Zwiebeln
2 säuerliche Äpfel
1 - 2 Knoblauchzehen
1 EL Zucker
40 g Butter
Paprikapulver, weißer Pfeffer, Salz
etwas Essig, geh. Petersilie
200 g Emmentaler, z.B. aus dem Allgäu
3 Eier
200 g saure Sahne

● Für den Teig den Quark mit Eigelb, Gewürzen sowie Öl verrühren und die restlichen Zutaten unterkneten. In Folie eingewickelt, ca. 30 Minuten ruhen lassen.
● Für die Füllung den Kohl

putzen, vierteln, den Strunk entfernen und quer in feine Streifen schneiden. Die Zwiebeln schälen und würfeln. Die Äpfel ebenfalls schälen, achteln und vom Kernhaus befreien. Den Zucker in einem weiten Topf goldgelb karamelisieren, die Butter hinzufügen. Den Kohl, die Zwiebeln und den gepreßten Knoblauch darin andünsten. Dabei mehrfach gut durchrühren. Kräftig würzen, die Äpfel dazugeben und ca. 20 Minuten weitergaren. Zuletzt mit Essig und Petersilie abrunden. Auskühlen lassen.

● Den Teig ausrollen, in eine gefettete Springform (Ø 26 cm) geben, dabei einen Rand von ca. 3 cm hochziehen. Den Teigboden mehrfach mit einer Gabel einstechen. Den Backofen auf 180-200°C vorheizen. Den Käse in 1x1 cm große Würfel schneiden, die Eier mit saurer Sahne verquirlen und alles mit dem Kraut mischen. Die Füllung in die Form geben und diese sofort in den heißen Backofen stellen. Im unteren Backofendrittel in 40-50 Minuten goldbraun backen. Die Quiche lauwarm servieren.

Raclette

(nur in Verbindung mit einem speziellen Raclette-Gerät)

- 800 - 1000 g Raclette-Käse, z.B. aus dem Wallis
- 1 - 1,3 kg Kartoffeln in der Schale
- Salz, Pfeffer aus der Mühle
- 400 - 500 g Salami oder roher Schinken, dünn aufgeschnitten
- 2 - 3 Knoblauchzehen nach Belieben

● Den Raclette-Käse in ca. 3 mm dicke Scheiben schneiden. Die Kartoffeln in der Schale garkochen, abgießen und in eine Servierschüssel geben.

● Für jeden Gast einen Teller mit Salami- oder Schinkenscheiben sowie Käse dekorativ anrichten und die Raclette-Pfännchen dazustellen.

● Jeder bereitet nun den Inhalt seines Pfännchens selbst vor: entweder nur Käse oder eine Komposition aus Salami/Schinken und darauf Käse. Das Pfännchen wird dann so lange in das Raclette-Gerät gestellt, bis der Käse geschmolzen ist.

● Anschließend über die geschälten Kartoffeln auf

einen Servierteller geben. Mit Salz, frisch gemahlenem Pfeffer oder gepreßtem Knoblauch würzen.

Anmerkung:
Für die Zubereitung benötigen Sie ein spezielles Raclette-Gerät, welches im Elektrofachhandel erhältlich ist. Neben den genannten Zutaten passen ebenfalls zu dem pikanten Käse-Grill-Menü:

- feine Cornichons
- Mixed Pickles
- grüne oder schwarze Oliven
- angemachte Blattsalate
- kleingewürfelter Schinkenspeck
- Zwiebelscheiben
- gekochter Schinken
- frisches Obst, z.B. Ananas

Edelpilzkäse mit Birnenspalten

300 g Edelpilzkäse
4 reife Birnen
etwas Zitronensaft
50 g Zucker
2 Nelken
1/2 Stange Zimt
4 EL Holunder (Holler)- oder Traubensaft

● Die Birnen schälen, halbieren, von den Rippen und Kernen befreien und in Spalten schneiden. In wenig Wasser unter Zugabe von etwas Zitronensaft, Zucker sowie Gewürzen halbweich dünsten.
● Abkühlen lassen. Einige Spalten mit etwas Garflüssigkeit pürieren.
● Den Edelpilzkäse in Scheiben schneiden, mit den Birnenspalten, dem Birnenpüree und je 1 EL Holunder- oder Traubensaft auf vier Tellern anrichten.

Anmerkung:
Hierzu servieren Sie am besten einen badischen Rosé.

Blätterteig-Pastete mit pikanter Gouda-Paprika-Füllung

600 g gemischte Paprikaschoten (rot, gelb, grün)
700 g Zwiebeln
5 - 6 EL Weizenkeimöl
edelsüßes Paprikapulver
1 TL Kümmelkörner
1 Knoblauchzehe
1/4 Bund Thymian
2 - 3 EL Semmelbrösel
200 ml süße Sahne (Obers)
Salz, Cayennepfeffer
250 g Gouda am Stück
1/2 Bund krause Petersilie
450 g tiefgefrorener Blätterteig, etwas Mehl
1 Ei, getrennt

● Die Paprikaschoten gründlich waschen, dann trockenreiben, halbieren, von den Kernen sowie Rippen befreien und würfeln. Die Zwiebeln schälen und fein hacken.
● In einer größeren Pfanne das Öl erhitzen, die Zwiebeln hineingeben und unter gelegentlichem Umrühren ca. 10 Minuten offen glasig dünsten. Die Paprikawürfel dazugeben,

mit edelsüßem Paprikapulver, Kümmel, geschältem sowie fein gehacktem Knoblauch und gewiegtem Thymian würzen. Weiter offen schmoren lassen, bis die Paprikawürfel weichgegart sind.

● Semmelbrösel und Sahne zugeben, kurz mitkochen lassen, dann die Gemüsemischung von der Kochstelle nehmen. Mit Salz sowie Cayennepfeffer abschmecken und unter beständigem Rühren abkühlen lassen.

● Den Gouda in feine Würfel schneiden, die Petersilie waschen, trocken schleudern, grob hacken und beides unter die Masse mengen.

● Die tiefgefrorenen Blätterteigplatten nach Packungsanweisung bei Raumtemperatur auftauen lassen. Auf leicht bemehlter Arbeitsfläche zu einem Rechteck ausbreiten, dabei die Anschlußstellen übereinander legen und mit etwas Eiweiß bestreichen. Nun die Teigplatte mit einem Teigroller ca. 40 x 40 cm groß ausrollen.

● Die abgekühlte Gouda-Paprikamasse daraufgeben, dabei links und rechts einen Rand von ca. 2 cm freilassen. Zusammenrollen, die seitlichen Nahtstellen und die Enden der Pastete mit Eiweiß bestreichen und gut festdrücken.

● Vorsichtig auf ein mit Backpapier ausgelegtes Backblech geben, obenauf sowie an den Seiten (nicht an den Nahtstellen) dünn mit verquirltem Eigelb bestreichen. Mindestens 15 Minuten lang ruhen lassen. Inzwischen den Backofen auf 190 - 210°C vorheizen. Die Pastete im unteren Drittel einsetzen, vorher an der Oberseite noch mehrfach mit einer Gabel einstechen, dann in ca. 45 Minuten goldbraun backen.

Beilage:
Feldsalat (Rapunzel) mit Kräutersauce

Anmerkung:
Bearbeitetes Blätterteiggebäck sollte vor dem Backen mindestens 15 Minuten lang „ruhen“, damit sich die Teigschichten wieder aufrichten können. Erwarten Sie Gäste, so können Sie die Paprika-Käsefüllung bereits am Vortag zubereiten. Die Pastete ist, zusammen mit einem Salat serviert, ein

Hauptgang für 4 Personen. Als Vorspeise reicht die Menge für ca. 6 - 8 Personen. Lauwarm serviert entfaltet die Pastete ihren Geschmack am besten.

Gebratene Emmentaler-Würfel im Speckmantel auf Frisée-Salat

- 32 Scheiben dünn geschnittener Bauchspeck (Bacon)
- 400 g Allgäuer Emmentaler am Stück
- 4 Holzspieße
- 3 EL Öl

Salat:
1 Stange Lauch,
etwas Butter

- 1 Kopf Frisée-Salat
- 5 EL Gemüsebrühe
- 2 - 3 EL Weinessig
- 1 - 2 EL mittelscharfer Senf
- 1 Knoblauchzehe
- 6 EL Walnußöl
- 1 Prise Zucker
- Salz, frisch gemahlener Pfeffer

● Den Käse in 16 gleichgroße Würfel schneiden, jeden Würfel mit 2 Scheiben Speck, einmal längs und einmal quer, fest umwickeln, dann immer 4 Würfelpakete locker auf einen Holzspieß stecken und beiseite legen.

● Für den Salat den Lauch putzen, gründlich waschen, in Ringe schneiden und in wenig Butter glasig dünsten. Den Friséesalat ebenfalls putzen, waschen und trockenschleudern.

● Für die Salatsauce die Gemüsebrühe mit Weinessig, Senf sowie geschältem, gepreßtem Knoblauch glattrühren. Nach und nach das Öl dazugeben und mit Zucker, Salz sowie Pfeffer abschmecken. Lauch mit Frisée auf Portionstellern anrichten. Die Sauce noch beiseite stellen.

● In einer weiten Pfanne das Öl erhitzen und die vorbereiteten Käsespieße bei starker Hitze von allen Seiten goldbraun braten. Anschließend auf Küchenpapier abtropfen lassen.

● Die Sauce über den Salat geben, mit je einem

Spieß garnieren und sofort servieren.

Beilage:
Geröstetes, dunkles Bauernbrot oder Vollkorntoast

Variation:
Sie können die umwickelten Käsewürfel auch mit kleinen Zahnstochern fixieren, dann leicht in Mehl wenden, panieren, die Panade gut andrücken und die Würfel schnell in heißem Fett ausbacken. Anstelle von Emmentaler lässt sich auch Gouda verwenden.

Teigtaschen mit pikanter Käse-Spinatfüllung

500 g frischer Spinat	2 EL Pinienkerne
1 Zwiebel	2 EL Korinthen oder Rosinen
1 Knoblauchzehe	125 g Gouda-Käse am Stück
20 - 30 g Butter	1 1/2 Pa tiefgefrorener Blätterteig (ca. 600 g)
Salz, weißer Pfeffer	1 Ei
abgeriebene Schale 1/2 unbehandelten Zitrone	

● Den Spinat gründlich putzen und mehrmals waschen. Zwiebel sowie Knoblauch schälen, würfeln und in der Butter glasig dünsten. Den tropfnassen Spinat dazugeben, im geschlossenen Topf ca. 3-5 Minuten dünsten, dabei mehrfach umrühren und bei Bedarf einige Eßlöffel Wasser dazugeben. Mit Salz, Pfeffer, abgeriebener Zitrone würzen, dann über einem Sieb abtropfen lassen und leicht ausdrücken.

● In eine Schüssel geben. Pinienkerne und gewaschene, gut abgetropfte Korinthen oder Rosinen dazugeben, dann gut durchmischen. Abkühlen lassen.

● Den Gouda-Käse in dicke Stifte schneiden. Den Blätterteig nach Packungsanweisung bei Raumtemperatur auftauen lassen. Die einzelnen Scheiben halbieren.

● 6 Hälften etwas ausrollen. Auf die nicht ausgerollten Teigstücke in die Mitte Käse geben und ca. 1 EL Spinatfüllung daraufgeben. Das Ei trennen, die Teigränder mit Eiklar bestreichen. Die ausgerollten Blätterteigscheiben locker daraufgeben und am Rand gut zusammendrücken. Mit einem Teigrädchen nacharbeiten.
● Auf ein mit Wasser ausgespültes oder mit Backpapier ausgelegtes Backblech setzen. Die Oberseite der Teigstücke mit verquirltem Eidotter bestreichen und mehrfach mit einer Gabel einstechen.
● Etwa 10 Minuten ruhen lassen. Inzwischen das Backrohr auf 190-210°C vorheizen. Die Teigtaschen in 15-20 Minuten goldbraun backen.

Schinken-Käse-Hörnchen

Teig:
1 Pa tiefgefrorener Blätterteig (ca. 300 g)

1 Eigelb (Eidotter)

1 EL Milch

Füllung:
200 g gekochter Schinken

1 geriebene Zwiebel

1/2 Bund geh. Schnittlauch

2 EL Crème fraîche

1 Eiweiß (Eiklar)

125 g ger. Gouda oder Emmentaler-Käse

Salz, weißer Pfeffer

1 Prise Oregano

● Den Blätterteig nach Packungsanweisung nebeneinanderliegend auftauen lassen.
● Inzwischen die Füllung vorbereiten. Hierzu den Schinken sehr fein würfeln oder in Streifen schneiden. Mit geriebener Zwiebel, gehacktem Schnittlauch, Créme fraîche, Eiweiß, Käse und Gewürzen zu einer cremigen Mischung verrühren.
● Die Teigplatten mit etwas kaltem Wasser bestreichen, aufeinanderlegen und ca. 2 mm dick zu einem Rechteck ausrollen. Die Teigplatte in 12 x 12 cm große Quadrate zerteilen und diese zu Dreiecken schneiden.
● Auf jedes Dreieck etwas Füllung geben und zu Hörnchen aufrollen. Diese

auf ein mit Backpapier ausgelegtes Backblech geben und mit in Milch verquirltem Eigelb bestreichen.

- Im auf 210-230°C vorgeheizten Backrohr in 15-20 Minuten goldbraun backen. Noch warm servieren.

Elsässer Flammkuchen

<u>Teig:</u>
375 g Mehl
1 Pa Trockenhefe
1 TL Zucker
1 1/2 TL Salz
3 - 4 EL Weizenkeimöl
ca. 1/4 l lauwarmes Wasser

<u>Belag:</u> 150 g würziger Schinkenspeck
4 große Zwiebeln
250 g Speisequark (Topfen), 40% Fettgehalt
50 g geriebener Emmentaler
1/4 l süße Sahne (Obers)
frisch gem. Pfeffer
frisch ger. Muskatnuß, Salz

- Das Mehl in eine Schüssel sieben und mit der Hefe sorgfältig durchmischen. Die übrigen Zutaten hinzufügen, mit dem Handrührgerät mit Knetern zunächst auf niedrigster Stufe durchmischen, dann auf der höchsten Stufe zu einem glatten Teig verarbeiten. Zum Aufgehen des Teiges die Schüssel zugedeckt an einem warmen Ort ca. 20 Minuten stehen lassen.
- Für den Belag den Schinkenspeck fein würfeln, in einer großen Pfanne knusprig ausbraten und auf Küchenpapier abtropfen lassen. Die Zwiebeln schälen, in feine Ringe schneiden und im restlichen Speckfett glasig dünsten. Quark mit Käse und Sahne glatt rühren und mit den Gewürzen abschmecken.
- Den Backofen auf 250 °C vorheizen.
- Den aufgegangenen Teig nochmals kurz durchkneten, dünn auf einem gefetteten Backblech ausrollen, die Quarkmasse darauf streichen, mit Speckwürfeln sowie Zwiebelscheiben gleichmäßig belegen und sofort in den heißen Backofen geben. In 12-15 Minuten knusprig backen, noch warm aufschneiden und servieren.

Toastpfanne mit Pfeffer-Tilsiter

- 600 g tiefgefrorener Blattspinat
- 2 Eier, etwas Sahne
- 1 Knoblauchzehe
- Salz, weißer Pfeffer
- 12 Scheiben Toastbrot
- 500 g Tomaten
- 400 g Fleischwurst in dicken Scheiben
- 300 g Pfeffer-Tilsiter
- Kräuter der Provence
- Butter für die Form

● Den Blattspinat auftauen, abtropfen lassen. In einer Rührschüssel Eier mit Sahne verquirlen, mit geschältem, gepreßtem Knoblauch sowie Salz und Pfeffer würzen.

● Die Toastbrotscheiben goldbraun rösten. Die Tomaten waschen, heiß überbrühen, häuten und in dicke Scheiben schneiden.

● Eine größere feuerfeste Auflaufform einfetten. Zunächst mit Toastbrot auslegen, darauf den Spinat geben, darüber die Wurstscheiben verteilen. Tomaten einschichten, mit Kräutern der Provence würzen und zuletzt mit Käse abdecken.

● Bei 180-200°C im unteren Drittel des Backofens in ca. 40 Minuten zubereiten.

Beilage:
Gemischter Salat

Variation „Pfannenpizza“: 2 Tomaten waschen und in Scheiben schneiden. 1 Zwiebel schälen und in Ringe zerteilen. Ca. 40 g Butter in einer großen, weiten Pfanne schmelzen. 4 Scheiben Toastbrot auf einer Seite mit Butter bestreichen und mit der nicht gefetteten Seite in die Pfanne legen. Auf niedriger Stufe rösten, dann wenden und von der anderen Seite ebenfalls rösten. Mit 4 Scheiben Schmelzkäse belegen, Tomaten- sowie Zwiebelscheiben daraufgeben und kräftig pfeffern. Zugedeckt auf kleinster Stufe einige Minuten garen, dann mit frisch gehackter Petersilie bestreut servieren.

Kleines Lexikon bekannter Käse-Sorten

Appenzeller
Würzig-scharfer Käse aus dem schweizer Kanton Appenzell

Bel Paese
milder, italienischer Edel-Weichkäse aus Kuhmilch (Ursprung: Lombardei)

Bergkäse
würzig-milder Hartkäse mit dunkelgelber Rinde

Bierkäse
pikanter, halbfester Schnittkäse, auch Limburger mit Weißschimmel, innen hellgelb bis weiß, pilzartiges Aroma, wird gerne zu Bier gereicht.

Brie
flacher, tortenförmiger Weichkäse mit Weißschimmel auf der Oberfläche, innen hellgelb bis weiß, pilzartiges Aroma.

Butterkäse	sahnig-milder Schnittkäse
Caciotta	milder, toskanischer Schafkäse
Camembert	vollfetter, weicher und gut gereifter Weichkäse mit weißem Schimmel auf der Oberfläche
Cheddar	würziger, teils scharfer oder mit nussartigem Geschmack hergestellter Hartkäse (ursprünglich aus Großbritannien)
Chèvre	pikanter Ziegenkäse aus Frankreich, in über 60 Varianten erhältlich, besonders typisch sind die Sorten mit Asche auf der Rinde

Cottage Cheese	körniger Frischkäse, ursprünglich aus Schottland stammend
Edamer	ursprünglich niederländischer Schnittkäse aus der Stadt Edam, der in Kugel- oder Brotform im Handel erhältlich ist.
Emmentaler	Hartkäse mit großer Lochung, kräftig im Geschmack, ursprüngl. aus den oberen Emmental stammend (Kanton Bern)
Feta	mild-würziger Lakenkäse aus Ziegen- oder Kuhmilch
Fontina	eher fetter Schnittkäse aus Italien

Frühlingskäse Frischkäse mit Paprika und Kümmel

Gérômé mit Kümmel oder Anis gewürzter französischer Weichkäse mit roter Rinde

Gorgonzola milder bis pikanter Blauschimmelkäse aus Italien

Gouda ursprüngl. niederländischer Schnittkäse aus der Ortschaft Gouda; erhältlich in drei Reifeklassen: jung, mittelalt, alt

Graukäse Tiroler Spezialität; scharfer, gepresster Quark (Topfen) mit graugrünem Schimmel

Gruyère schweizer Hartkäse aus dem Saanetal

Leerdamer siehe Maasdamer

Limburger rechteckiger, würzig-pikanter Weichkäse mit roter Reifeschicht

Maasdamer ähnlich dem Gouda, jedoch mit geringerem Salzgehalt, zart-mild im Geschmack

Mahon edler, sahniger Kuhmilchkäse von den Balearen, kräftig im Geschmack

Mascarpone ungesalzener, sehr cremiger Sahnekäse aus der Lombardei

Mondseer pikanter, halbfester Schnittkäse aus Österreich (Salzkammergut) mit schlitzähnlichen Löchern

Mozzarella milder, weißer Käse aus Büffel- oder Kuhmilch, stammt ursprünglich aus Italien

Parmesan typisch italienischer, salzig-scharfer Hartkäse mit langer Lagerdauer (2 - 4 Jahre); vor Verwendung frisch reiben

Pecorino harter, süd-italienischer Schafkäse mit heller Struktur

Petit-Suisse in Frankreich oder in der Schweiz hergestellt, ungesalzener Frischkäse; typisch ist der nussartige Geschmack

Provolone	würzig-pikanter Schnittkäse aus Italien
Pyrenäenkäse	hellgelber, französischer Käse mit feiner Lochung, aus Kuhmilch hergestellt; typisch ist die nicht zum Verzehr geeignete schwarze Rinde
Raccard	siehe Raclette-Käse
Raclett-Käse	halbfester, reifer Schnittkäse aus dem Wallis; vorzüglich für Raclette, aber auch zum Überbacken einsetzbar
Räucherkäse	geräucherte Käsespezialität
Red Windsor	rot marmorierter Weißkäse aus England, dem beim Herstellungsprozeß Rotwein zugegeben wurde
Ricotta	italienischer Frischkäse aus Schaf- oder Kuhmilch
Romadur	rechteckiger, milder Weichkäse mit roter Reifeschicht
Roquefort	Edelpilzkäse aus Kuh- oder Schafmilch
Sbrinz	kräftig schmeckender Käse aus der Schweiz, ausgezeichneter Reibkäse zum Würzen von Gerichten oder zum Überbacken
Steinbuscher	milder, goldgelber Schnittkäse
Stilton	englischer Blauschimmel-Käse
Tilsiter	goldgelber, eher cremiger Hartkäse mit kleinen Löchern
Tortenbrie	siehe Brie
Vacherin	würziger, sehr weicher Käse; in Frankreich und der Schweiz bekannt; typisch ist sein Rand aus Tannenrinde, die dem Käse ein feines Aroma verleiht
Weißlacker	sehr pikanter, eher scharfer, halbfester Schnittkäse

Zu den Rezepten:
Die Rezepte dieses Buches sind für 4 Personen berechnet. Die Temperaturangaben sind Richtwerte, die je nach Herdtyp abweichen können. Möchten Sie das jeweilige Rezept mit Heißluft zubereiten, so stellen Sie ca. 20 °C niedriger ein. Die Backzeiten bleiben in der Regel gleich. Bitte vergleichen Sie die Temperaturangaben vorab mit denjenigen in der Gebrauchsanweisung Ihres Herdes und stellen Sie ggf. etwas höher oder niedriger ein.

Zum Gebrauch des Buches:
Bitte beachten Sie folgende Abkürzungen bei den Rezepten:

EL	Eßlöffel
TL	Teelöffel
Msp	Messerspitze
g	Gramm
kg	Kilogramm
l	Liter
cl	Zentiliter
geh.	gehäuft
gem.	gemahlen
ger.	gerieben
gestr.	gestrichen
Pa.	Päckchen

Bildnachweis:

Gusto/Stephan Liewehr: Titel und Seite 18/19
Gusto/Eisenhut & Mayer: Rücktitel und Seite 51, 60
Deutscher Käse/Ketchum PR: Innentitel, 11, 23, 24/25, 27, 29, 34, 36, 44, 46, 49, 55, 58, 64, 68, 74/75
Robert Bosch Hausgeräte GmbH: 4,6
Landesvereinigung d. Bayer. Milchwirtschaft e.V., München: 5, 7, 66
Fa. WMF: 9
Fa. Alfi: 9
Adam, Ketchum PR: 12, 13
Kalifornische Trockenpflaumen: 15
CMA: 31
becel/Master Media: 38
Thomy/Ketchum PR: 42/43

Autorin und Verlag danken den oben genannten Unternehmen für die umfangreiche und freundliche Bereitstellung des Bildmaterials.

Lektorat: Ursula Calis, München
Design & Produktion: Verlagsbüro Fritz Petermüller, Siegsdorf
Satz: SeiwaldMedia, Bernau
Lithos: Fotolitho Veneta, Verona

Verlagsnummer: 1733
ISBN 3-85491-163-7

Fax 0043(0)512/265561-8
e-mail: kompass@kompass.at
http://www.kompass.at